ごちそう小鍋のここがいい！

とにかく簡単。

基本的には、食材をポイポイ入れて煮るだけ。あとは小鍋にまかせておけば、とびきりおいしく仕上げてくれます。

無限のバリエーション。

食材×スープの種類によっていくらでもバリエーションが広がり、毎日、小鍋にしても飽きません。その日の気分で選んでみて。

そのまま食卓に出せる。

できあがった小鍋をそのまま食卓に移動すれば準備完了。あつあつをすぐに食べられて、洗い物が少ないのもうれしい。小鍋生活を彩るおすすめグッズのコラム(p.154)も参考にしてくださいね。

晩酌もできる。

寝る前に、ちょこっとウチ飲みを楽しんでいる人も多いはず。この本では、晩酌にぴったりのおつまみ系小鍋も紹介しています。ビールやワイン、焼酎など、お好きなお酒とのマリアージュを楽しんで。

この本の決まりごと

* 大さじ1は15㎖、小さじ1は5㎖、1カップは200㎖。
* 1〜2人分のレシピでは、直径20cm前後の鍋を使用しています。
* 各メニューに記載している加熱時間は、沸騰するまでの時間を含めた、火をつけてでき上がるまでの時間の目安です。
  加熱時間の目安は、使う鍋によって多少変わりますので、鍋の中の様子を見ながら作ってください。

contents

002 ごちそう小鍋のすすめ

chapter 1
食材3つですぐでき！小鍋

010 豚しゃぶとせりのみぞれ鍋
012 鶏手羽と長ねぎ、しいたけの甘辛鍋
014 鶏肉とかぶの酒粕鍋
016 牛カルビとじゃがいものコムタン風鍋
018 豚肉とキャベツのはさみ蒸し鍋
020 ひき肉とザーサイ、きのこの麻辣鍋
022 ぶつ切り鶏と白菜の梅鍋
024 スペアリブとごぼうの香ばし鍋
028 鶏肉と里いも、おもちの白味噌鍋
030 豚バラと白菜、エリンギの辛み鍋
032 鶏とにらの味噌月見鍋
034 鶏肉と大根の柚子塩鍋
036 ひき肉としめじのごまたっぷり鍋
038 鶏肉とさつまいもの塩バター鍋
040 豚肉と豆腐、豆苗の豆乳鍋

- 042 鶏肉とパプリカのビネガー鍋
- 044 豚肉とたけのこ、チンゲン菜のサンラータン風鍋
- 048 鮭ととうもろこしのクリーム鍋
- 050 牡蠣と長いもの塩鍋
- 052 えびと玉ねぎのトマトレモン鍋
- 054 あさりともやしの酒鍋
- 056 厚揚げと根三つ葉、桜えびのしょうゆ鍋
- 058 はんぺんとじゃこの花椒(ホアジャオ)鍋
- 060 たらとわかめの磯鍋
- 062 油揚げとれんこんの柚子こしょう鍋

chapter 2
定番がおいしい！ほっこり小鍋

- 066 すき焼き鍋
- 068 海鮮寄せ鍋
- 070 豚バラと白菜のキムチ鍋
- 072 たらちり鍋
- 074 鶏だんご鍋
- 078 鮭とじゃがいもの石狩鍋
- 080 自家製きりたんぽ鍋
- 082 牛モツ鍋
- 084 牡蠣ときのこの土手鍋

chapter 3
世界を旅する　絶品小鍋

- 088　ひき肉とトマトの中東風蒸し鍋
- 090　めかじきのココナッツレモン鍋
- 092　豚肉と香菜のエスニックしゃぶしゃぶ
- 094　えびとチキンのカレースパイシー鍋
- 098　ムール貝とあさりのレモン鍋
- 100　牛肉と紫玉ねぎのクミン鍋
- 102　ソーセージとザワークラウトのビネガー鍋
- 104　鶏肉とズッキーニ、レモンのナンプラー鍋
- 106　牛肉とじゃがいもの韓国風鍋
- 108　豚肉といんげんの花椒(ホアジャオ)鍋
- 110　ラムチョップとトマト、いんげんのモロッコ風鍋
- 114　ベーコンと大豆のメキシカン鍋
- 116　魚介のスペイン風白ワイン鍋
- 118　豚肉と春雨の八角鍋
- 120　えびのトマトリゾット鍋
- 124　鶏とじゃがいものハーブクリーム鍋

chapter 4
晩酌のお供に　おつまみ小鍋

- 128 　オイルサーディンとトマトのガーリック鍋
- 130 　豆腐ともやしの豆鼓(トウチ)鍋
- 132 　長ねぎとゴルゴンゾーラのオイル鍋
- 134 　たことオリーブのアンチョビ鍋
- 136 　こんにゃくとちくわのおでん風鍋
- 138 　あさりとパプリカのワイン蒸し鍋
- 140 　帆立ときのこのすだち鍋

- 158 　主材料別INDEX

column 1
おもてなしにもなる　ごちそう鍋
- 142 　皮から作る餃子の香草鍋
- 146 　チーズフォンデュ鍋
- 150 　魚介のサフラン鍋

column 2
小鍋生活に　あるとうれしい鍋グッズ
- 154 　小鍋いろいろ
- 156 　小鍋まわりグッズ

chapter 1

食材 3 つで

すぐでき！
小鍋

主な食材は、食べたいものを3つだけ。作りやすくてあっという間に完成し、毎日のように楽しめるとっておきの小鍋レシピをご紹介します。食材とスープの組み合わせが絶妙で、シンプルながらも「これしかない！」という完成度の高い味わい。ぜひ試してみてくださいね。

chapter 1　食材3つですぐでき！小鍋　|肉類の鍋|

メインは
豚肉 × せり × 大根

豚しゃぶとせりのみぞれ鍋

すぐに火が通るしゃぶしゃぶ肉でスピード小鍋。
大根おろしをたっぷりからめ、せりの香りとともにどうぞ。

● **材料〈1〜2人分〉**

豚ロースしゃぶしゃぶ肉
　… 150g
せり … 6本
大根 … 8cm

長ねぎ … 1/3本
A ｜ 昆布（2〜3ヵ所切り目を入れる）
　　… 3cm角のもの1枚
　｜ 水 … 400㎖
　｜ 酒 … 大さじ1
　｜ しょうゆ … 小さじ2
　｜ 塩 … 小さじ1/3
白いりごま … 小さじ1

● **作り方**

1　せりは食べやすい長さに切る。
　大根はすりおろし、長ねぎは斜め薄切りにする。
2　鍋に**A**を入れ、大根おろしと長ねぎを加えて
　中火にかける。
3　煮立ったら豚肉を1枚ずつ入れ、火が通ったら
　せりを加えてさっと煮、白いりごまをふる。

chapter 1　食材3つですぐでき！小鍋　|肉類の鍋|

鶏手羽と長ねぎ、しいたけの甘辛鍋

手羽から出るうまみと甜麺醤(テンメンジャン)の濃厚な甘みがマッチ。
仕上げに五香粉をふると、素材の味がより際立ちます。

● 材料〈1〜2人分〉

鶏手羽中 … 4本
長ねぎ … 1/4本
しいたけ … 2枚

A
| にんにく(つぶす) … 1/2かけ
| 水 … 400㎖
| 紹興酒(または酒) … 大さじ2
| 甜麺醤 … 大さじ1

しょうゆ … 小さじ2
好みで五香粉(ウーシャンフェン) … 少々

● 作り方

1　鶏手羽中は骨に沿って2ヵ所ほど縦に切り目を入れる。
　　長ねぎは斜め薄切りにする。
　　しいたけは石づきを除いて2〜3等分に切る。
2　鍋にAを入れて中火にかけ、煮立ったら鶏手羽中を加え、
　　アクを取りながらひと煮立ちさせる。
3　長ねぎとしいたけを加えてさっと煮、しょうゆを加え、
　　好みで五香粉をふる。

chapter 1　食材3つですぐでき！小鍋　|肉類の鍋|

鶏肉とかぶの酒粕鍋

**体が芯から温まる酒粕の小鍋は、肌寒い日にぴったり。
かぶは葉つきがおすすめ。栄養豊富で彩りもきれいです。**

● 材料〈1～2人分〉

鶏むね肉 … 150g
かぶ(葉つき) … 1個
玉ねぎ … 1/2個

すだち(スライス) … 1個
A｜昆布(2～3ヵ所切り目を入れる)
　　　… 3cm角のもの1枚
　｜水 … 400㎖
　｜塩 … 小さじ1/2
酒粕 … 大さじ2

● 作り方

1　鶏肉は好みで皮を取り除き、
　食べやすい大きさに切る。
　かぶはよく洗って土を落とし、4等分に切る。
　玉ねぎは1cm幅に切る。

2　鍋にAと玉ねぎを入れて中火にかけ、
　煮立ったら鶏肉を加え、
　アクを取りながらひと煮立ちさせる。

3　酒粕を溶かし入れて全体になじませ、
　かぶとすだちを加えてさっと煮る。

chapter 1　食材3つですぐでき！小鍋　|肉類の鍋|

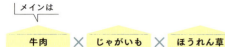

牛カルビとじゃがいもの コムタン風鍋

**やわらかくなるまで煮込んだじゃがいもに、
カルビの濃厚なうまみがしみ入って絶品！**

● 材料〈1〜2人分〉

牛カルビ肉（焼き肉用）
　… 6〜7枚
じゃがいも … 2個
ほうれん草 … 2本

玉ねぎ … 1/2個

A
　昆布（2〜3ヵ所切り目を入れる）
　　… 3cm角のもの1枚
　にんにく（薄切り）… 1/2かけ
　しょうが（皮つきのまま薄切り）
　　… 1/2かけ
　水 … 400㎖
　紹興酒（または酒）… 大さじ2
　ごま油 … 小さじ2
　しょうゆ … 小さじ1
　塩 … 小さじ1/2

黒すりごま … 小さじ2

● 作り方

1　じゃがいもは皮をむいて半分に切る。玉ねぎは薄切りにする。
2　ほうれん草は1分30秒ゆでて水にさらし、
　　水気を絞って食べやすい長さに切る。
3　鍋にAと1を入れて中火にかけ、煮立ったら弱火にし、
　　ふたをしてじゃがいもがやわらかくなるまで煮る。
4　牛肉を加えてさっと煮、
　　ほうれん草と黒すりごまを加えて少し煮る。

chapter 1　食材3つですぐでき！小鍋　｜肉類の鍋｜

豚肉とキャベツのはさみ蒸し鍋

**キャベツの間に豚肉をはさむことで、おいしさが
全体に行き渡ります。仕上げにはかつお節をトッピング。**

● 材料〈1〜2人分〉

豚ロースしゃぶしゃぶ用肉
　… 120g
キャベツ … 1/8個
長ねぎ … 1/2本

しょうが(せん切り) … 1/2かけ
昆布(2〜3ヵ所切り目を入れる)
　… 3cm角のもの1枚
A
　水 … 400㎖
　酒 … 大さじ1
　しょうゆ … 小さじ2
　塩 … 小さじ1/3
かつお削り節 … 2.5g

● 作り方

1　キャベツは1.5cm幅のくし形に切る。
　長ねぎは縦に4等分に切る。

2　鍋に昆布を敷き、切り口を上にしてキャベツを並べ、
　間に豚肉を1枚ずつはさむ。

3　長ねぎとしょうがをのせ、Aを注いで中火にかける。
　煮立ったらアクを取って弱火にし、かつお削り節をふる。
　好みでポン酢をつけても。

chapter 1　食材3つですぐでき！小鍋　｜肉類の鍋｜

ひき肉とザーサイ、きのこの麻辣鍋（マーラー）

ザーサイや干ししいたけなどの味出し食材をたっぷり使って。
シメにうどんや春雨を入れても絶品です。

● 材料〈1〜2人分〉

豚ひき肉 … 100g
ザーサイ（かたまりのもの） … 20g
えのきだけ … 50g
干ししいたけ … 2枚
小ねぎ … 2本

A
｜ しょうが（みじん切り）… 1/2かけ
｜ にんにく（みじん切り）… 1/2かけ
｜ 紹興酒（または酒）… 大さじ2
｜ しょうゆ … 大さじ1
｜ 塩 … 少々

ラー油 … 少々

● 作り方

1　干ししいたけは水400ml（分量外）を入れたボウルにつけ、一晩おいて戻しておく。
　　石づきを除いて薄切りにし、戻し汁はとっておく。

2　ザーサイは薄切りにし、かぶるくらいの水に10分つけて塩抜きをし、水気をきる。
　　えのきだけは石づきを除いてほぐす。

3　鍋を中火で熱し、豚ひき肉を入れて色が変わるまで炒める。

4　3に干ししいたけと戻し汁、ザーサイ、Aを入れてひと煮立ちさせ、えのきだけを加えてさっと煮る。
　　小口切りにした小ねぎを散らし、ラー油を加える。

chapter 1 　食材3つですぐでき！小鍋　｜肉類の鍋｜

ぶつ切り鶏と白菜の梅鍋

骨つき鶏肉をコトコト煮てとった濃厚なスープに、
梅干しのきりっとした酸味をプラス。白菜は好みのかたさに煮て。

● 材料〈1〜2人分〉

鶏もも骨つきぶつ切り肉 … 200g
白菜 … 1/8株
梅干し … 2〜3個

A
| しょうが（皮つきのまま薄切り） … 1/2かけ
| 水 … 400㎖
| 酒 … 大さじ1
| しょうゆ … 小さじ2
| 塩 … 小さじ1/3

白いりごま … 少々

● 作り方

1　鶏肉はよく洗って水気をふく。白菜はざく切りにする。
2　鍋に**A**を入れて中火にかけ、煮立ったら鶏肉を加え、アクを取りながらひと煮立ちさせる。
3　梅干しを加え、弱火にしてふたをし、約10分煮る。白菜を加えてさっと煮、白いりごまをふる。

chapter 1 食材3つですぐでき！小鍋 ［肉類の鍋］

スペアリブとごぼうの香ばし鍋
レシピ→p.26

chapter 1　食材3つですぐでき！小鍋　｜肉類の鍋｜

メインは

豚スペアリブ × ごぼう × 小ねぎ

スペアリブとごぼうの香ばし鍋

食べごたえのあるスペアリブを鍋仕立てに。
ごぼうの素朴な香りが、おいしさをさらに引き立てます。

●材料〈1～2人分〉

豚スペアリブ … 4本
ごぼう … 1/2本
小ねぎ … 10本

しょうが(皮つきのまま薄切り)
　… 1かけ
ごま油 … 小さじ1

A
| 水 … 700㎖
| 酒 … 大さじ3
| しょうゆ … 小さじ2
| 塩 … 小さじ1/3

● 作り方

1 ごぼうは斜め薄切りにし、水にさらす。
2 鍋を中火で熱してごま油を入れ、
  ごぼうをしんなりするまで炒める。
  しょうがと豚スペアリブを加え、さっと焼き目をつける。
3 2に**A**を加え、アクを取りながらひと煮立ちさせ、
  弱めの中火にして約20分煮る。
4 ふたをしてさらに10分煮る。
  8cm長さに切った小ねぎを加える。

ごぼうは煮る前にごま油で炒め、香りを引き出しておきます。しんなりして半透明になるまで炒めたらOK。

chapter 1　食材3つですぐでき！小鍋　|肉類の鍋|

鶏肉と里いも、おもちの白味噌鍋

やさしい白味噌仕立ての鍋は、コロコロ丸い見た目もかわいい。
焼いたおもちの香ばしさがアクセントです。

● 材料〈1～2人分〉

鶏手羽元 … 4本
里いも … 小4個
丸もち … 小2～3個

塩 … 少々

A
| 昆布（2～3ヵ所切り目を入れる）
|　… 3cm角のもの1枚
| しょうが（皮つきのまま薄切り）
|　… 1かけ
| 水 … 400㎖
| 酒 … 大さじ1
| しょうゆ … 小さじ2
| 塩 … 小さじ1/3

白味噌 … 大さじ3
好みで粉山椒 … 少々

● 作り方

1　里いもは皮をむき、塩少々をまぶして
　ぬめりを取り、流水で洗う。
　かぶるくらいの水を加え、約6分下ゆでする。

2　鍋にAを入れて中火にかけ、煮立ったら1、鶏手羽元を加える。
　アクを取りながらひと煮立ちさせる。

3　弱めの中火にしてふたをし、約10分煮て
　白味噌を溶き入れる。

4　もちは網かトースターでこんがりと焼き、3に加える。
　好みで粉山椒をふる。

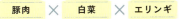

豚バラと白菜、エリンギの辛み鍋

しょうがやにんにく、ごまの風味をしっかりきかせて
奥深い辛さにすれば、スープの1滴までおいしい！

● 材料〈1〜2人分〉

豚バラ薄切り肉 … 150g

白菜 … 2枚

エリンギ … 2本

A
- しょうが(みじん切り) … 1/2かけ
- にんにく(みじん切り) … 1/2かけ
- 水 … 400ml
- 酒 … 大さじ2
- しょうゆ … 大さじ1
- コチュジャン … 小さじ1/2

白いりごま … 小さじ2

赤唐辛子 … 1/2本

● 作り方

1　豚肉は10cm長さに切る。白菜は横に1cm幅に切る。
　　エリンギは縦薄切りにする。

2　鍋にAを入れて中火にかけ、煮立ったら
　　豚肉を加えてアクを取る。

3　白菜、エリンギも加えてひと煮立ちさせ、
　　白いりごまと小口切りにした赤唐辛子をふる。

chapter 1　食材3つですぐでき！小鍋　｜肉類の鍋｜

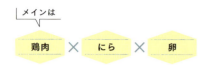

鶏とにらの味噌月見鍋

コクのあるにんにく味噌スープに卵を落としてどうぞ。
にらはさっと煮るだけにとどめて、さわやかな香りをキープ。

● 材料〈1～2人分〉

鶏もも肉 … 120g
にら … 5本
卵 … 1個
玉ねぎ … 1/2個
味噌 … 大さじ1
A｜水 … 400㎖
　｜酒 … 大さじ2
　｜しょうゆ … 小さじ1
　｜にんにく(みじん切り)
　｜　… 1/2かけ
好みで粉唐辛子 … 少々

● 作り方

1　鶏肉は食べやすい大きさに切る。
　　にらは5cm長さ、玉ねぎはくし形に切る。
2　鍋にAと玉ねぎを入れて中火にかけ、
　　煮立ったら鶏肉を加え、アクを取りながら
　　ひと煮立ちさせる。
　　弱火にしてふたをし、約8分煮る。
3　味噌を溶き入れ、卵とにらを加えて
　　さらに2～3分煮る。好みで粉唐辛子をふる。

chapter 1 　食材3つですぐでき！小鍋　｜肉類の鍋｜

鶏肉と大根の柚子塩鍋

大根は細く切り、くたっとやわらかくなるまで煮て。
まだ青い柚子を使うとフレッシュな酸味と香りが楽しめます。

● 材料〈1～2人分〉

鶏もも肉 … 150g
大根 … 120g
玉ねぎ … 1/2個

青柚子（または黄柚子）… 1個
七味唐辛子 … 少々

A
昆布（2～3ヵ所切り目を入れる）
　… 5cm角のもの1枚
しょうが（皮つきのまま薄切り）
　… 1/2かけ
水 … 350㎖
酒 … 100㎖
塩 … 小さじ1/3

● 作り方

1　鶏肉は好みで皮を取り除き、食べやすい大きさに切る。
　大根は細切り、玉ねぎは7～8mm幅の輪切りにする。
　青柚子はスライスする。

2　鍋にAを入れて中火にかけ、煮立ったら鶏肉、大根、
　玉ねぎを加えてアクを取りながらひと煮立ちさせる。
　弱火にしてふたをし、約12分煮る。

3　青柚子と七味唐辛子を加えてさっと煮る。
　好みでポン酢や柚子こしょうをつけても。

chapter 1　食材3つですぐでき！小鍋　|　肉類の鍋 |

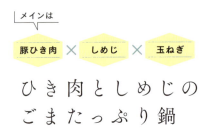

ひき肉としめじの
ごまたっぷり鍋

**練りごま＆いりごまのダブル使いで、ひき肉のうまみを
引き立てます。ごま好きにはたまらない一品。**

● 材料〈1〜2人分〉

豚ひき肉 … 150g
しめじ … 50g
玉ねぎ … 1/2個

小ねぎ … 2本
A │ しょうが(みじん切り) … 1/2かけ
　│ にんにく(みじん切り) … 1/2かけ
　│ 水 … 400㎖
　│ 紹興酒(または酒) … 大さじ2
　│ しょうゆ … 大さじ1
白練りごま … 大さじ3
塩 … 小さじ1/4
白いりごま … 小さじ2

● 作り方

1　しめじは石づきを除いてほぐす。
　　玉ねぎは7〜8mm幅に切る。
2　鍋にAを入れて中火にかける。煮立ったら豚ひき肉を加え、
　　アクを取りながらひと煮立ちさせる。
3　1を加えて約3分煮、白練りごまと塩を加えてなじませる。
　　1cm幅の斜め切りにした小ねぎと白いりごまをふる。

chapter 1　食材3つですぐでき！小鍋　|肉類の鍋|

鶏肉とさつまいもの塩バター鍋

白ワインをベースに、シンプルな塩バター味で仕上げた
洋風小鍋。野菜の自然な甘さを堪能して。

● 材料〈1～2人分〉

鶏もも肉 … 180g
さつまいも … 200g
ブロッコリー … 1/4株

玉ねぎ … 1/2個
A｜水 … 400㎖
　｜白ワイン … 100㎖
　｜塩 … 小さじ2/3
バター … 大さじ1
粗びき黒こしょう … 少々

● 作り方

1　鶏肉は好みで皮を取り除き、食べやすい大きさに切る。
　　さつまいもは乱切りにして水にさらす。
　　ブロッコリーは小房に分け、
　　玉ねぎは4等分のくし形に切る。

2　鍋にAを入れて中火にかけ、煮立ったら
　　鶏肉と玉ねぎを加え、
　　アクを取りながらひと煮立ちさせる。

3　さつまいもを加えてふたをし、やわらかくなるまで
　　約8分煮る。ブロッコリーを加えて3～4分煮る。

4　バターを加えて溶かし、粗びき黒こしょうをふる。

メインは

豚肉 × 豆腐 × 豆苗

豚肉と豆腐、豆苗の豆乳鍋

**厚めに切った豚ロースは食べごたえあり。
とろりとした豆乳スープと豆腐のやわらかさに癒されます。**

● **材料〈1〜2人分〉**

豚肩ロースかたまり肉
　… 200g
絹ごし豆腐 … 1/2丁
豆苗 … 1/2パック

玉ねぎ … 1/2個
豆乳(無調整) … 150㎖

A
　昆布(2〜3ヵ所切り目を入れる)
　　… 3cm角のもの1枚
　水 … 400㎖
　酒 … 大さじ1
　しょうゆ … 小さじ1
　塩 … 小さじ2/3

● **作り方**

1　豚肉は1cm厚さに切る。
　豆苗は根元を切り、玉ねぎは7〜8mm幅に切る。

2　鍋にAを入れて中火にかけ、
　煮立ったら豚肉と玉ねぎを加え、
　アクを取りながらひと煮立ちさせる。

3　ふたをして約12分煮、弱火にして
　スプーンですくった豆腐と豆苗、
　豆乳を加えてさっと煮る。

chapter 1　食材3つですぐでき！小鍋　｜肉類の鍋｜

鶏肉とパプリカのビネガー鍋

疲れたときには、疲労回復効果のあるお酢仕立ての小鍋がおすすめ。
すっきりとした酸味とハーブで元気になれます。

● 材料〈1〜2人分〉

鶏もも肉 … 180g
パプリカ(赤・黄) … 各1/2個
玉ねぎ … 1個

にんにく(つぶす) … 1/2かけ
オリーブオイル … 小さじ1
A ｜ 水 … 400㎖
　｜ 白ワイン … 100㎖
　｜ 白ワインビネガー … 50㎖
タイム … 7〜8本
塩 … 小さじ1
粗びき黒こしょう … 少々

● 作り方

1　鶏肉は好みで皮を取り除き、食べやすい大きさに切る。
　　パプリカは縦に1cm幅に切り、
　　玉ねぎは6等分のくし形に切る。
2　鍋ににんにくとオリーブオイルを入れて中火で熱し、
　　香りが立ったら鶏肉を加え、さっと焼き目をつける。
3　パプリカ、玉ねぎを加えてひと混ぜし、Aを加える。
　　アクを取りながらひと煮立ちさせる。
4　弱火にしてふたをし、約12分煮る。
　　タイム、塩、粗びき黒こしょうを加える。

chapter 1　食材3つですぐでき！小鍋　|肉類の鍋|

豚肉とたけのこ、チンゲン菜のサンラータン風鍋
レシピ→p.46

chapter 1　食材3つですぐでき！小鍋　|肉類の鍋|

メインは

豚肉とたけのこ、チンゲン菜のサンラータン風鍋

辛さと酸っぱさの絶妙バランスがあとをひく中華風小鍋。
仕上げに溶き卵を流し入れ、とろりとマイルドに。

● 材料〈1～2人分〉

豚バラ薄切り肉 … 120g
ゆでたけのこ … 80g
チンゲン菜 … 2株

玉ねぎ … 1/2個
A
　しょうが(みじん切り) … 1/2かけ
　にんにく(みじん切り) … 1/2かけ
　水 … 400㎖
　酒、酢 … 各大さじ2
　しょうゆ … 大さじ1
　コチュジャン … 小さじ1/2
塩 … 少々
卵 … 2個
白いりごま … 適量

● 作り方

1. 豚肉は3cm幅に切る。
   ゆでたけのこと玉ねぎは5mm幅の薄切りにする。
   チンゲン菜は縦半分に切る。
2. 鍋にAを入れて中火にかけ、煮立ったら
   豚肉と玉ねぎを加えてアクを取る。
3. たけのこを加えて約6分煮、
   チンゲン菜を加えてさっと煮る。
4. 塩で調味し、溶きほぐした卵を加え、
   半熟になるまで煮る。白いりごまをふる。

最後に溶き卵を細く全体に回し入れ、ふんわりと浮いてくるまで加熱。とろとろの半熟状に仕上げます。

chapter 1　食材3つですぐでき！小鍋　｜魚介の鍋｜

メインは

鮭 × とうもろこし × カリフラワー

鮭ととうもろこしのクリーム鍋

鮭1切れが、食べごたえ満点の鍋に。
とうもろこしとカリフラワーの歯ざわりがアクセントです。

● 材料〈1〜2人分〉

生鮭 … 1切れ

ゆでとうもろこし … 1/2本
　（またはコーン缶小1缶）

カリフラワー … 1/4株

塩 … 小さじ1/3

薄力粉 … 小さじ2

バター … 大さじ1と1/2

A ｜ 白ワイン … 50㎖
　｜ 水 … 300㎖
　｜ 塩 … 小さじ1/3

牛乳 … 150㎖

チーズ（パルミジャーノレッジャーノ）
　　… 大さじ1

粗びき黒こしょう … 少々

● 作り方

1　生鮭は塩をふって約10分おき、出てきた水分をふき取って
　　食べやすい大きさに切る。薄力粉を薄くまぶす。

2　ゆでとうもろこしは2cm幅に切り、
　　カリフラワーは小房に分ける。

3　鍋にバターを入れて中火で熱し、生鮭を入れて
　　表面に軽く焼き目をつけ、一度取り出す。

4　**3**の鍋に**A**と**2**を入れて中火にかけ、ひと煮立ちしたら
　　弱火にし、ふたをして約8分煮る。

5　生鮭を戻し入れてさっと煮、牛乳を加えて混ぜる。
　　煮立つ直前で火を止め、
　　すりおろしたチーズと粗びき黒こしょうをふる。

048

牡蠣と長いもの塩鍋

寒い季節のお楽しみ・牡蠣鍋は合わせる食材でひと工夫。
独特な食感を持つ長いもが驚くほど牡蠣にマッチします。

● 材料〈1～2人分〉

牡蠣 … 200g
長いも … 5cm
春菊 … 1/3束

塩 … 小さじ2

A
- 昆布(2～3ヵ所切り目を入れる) … 3cm角のもの1枚
- しょうが(皮つきのまま薄切り) … 1/2かけ
- 水 … 400㎖
- 酒 … 50㎖
- 塩 … 小さじ1/2

● 作り方

1 牡蠣は塩をつけてやさしくもみ洗いし、
 2～3回水を替えて洗い、水気をきる。
 長いもは皮をたわしで洗い、1cm幅に切る。
 春菊は食べやすい長さに切る。

2 鍋にAを入れて中火にかけ、
 煮立ったら牡蠣と長いもを加える。ひと煮立ちさせて
 アクを取り、ふたをして約3分煮る。

3 春菊を加えてさっと煮る。
 好みでポン酢かすだち果汁をつけても。

chapter 1　食材3つですぐでき！小鍋　|魚介の鍋|

えびと玉ねぎのトマトレモン鍋

下ごしらえは驚くほど簡単なのに、本格的な味わい。
食べるときはトマトをつぶし、ソースのようにからめます。

● 材料〈1～2人分〉

有頭えび … 3尾
玉ねぎ(小) … 1個
トマト(中) … 4個

A｜水 … 400㎖
　｜白ワイン … 50㎖
　｜塩 … 小さじ1
レモン汁 … 大さじ1
レモンスライス … 2枚
オリーブオイル … 小さじ1
粗びき黒こしょう … 少々

● 作り方

1　えびは殻つきのまま背わたを取り除く。
　　玉ねぎは縦に半分に切る。
　　トマトはへたを取り、反対側に十字の切り込みを入れる。

2　鍋にAとトマト、玉ねぎを入れて中火にかけ、
　　煮立ったらふたをし、約8分煮る。

3　2にえびを加え、アクを取りながらひと煮立ちさせ、
　　レモン汁、レモンスライスを加えてさっと煮る。
　　オリーブオイルと粗びき黒こしょうをふる。

chapter 1 　食材3つですぐでき！小鍋　｜魚介の鍋｜

あさりともやしの酒鍋

冷蔵庫に残りがちなもやしと長ねぎ。
あさりと一緒にさっと煮れば、気のきいた小鍋に早変わり。

● 材料〈1～2人分〉

あさり（砂抜きずみのもの）
　… 200g
もやし … 1/3袋
長ねぎ … 1/3本

A
　昆布（2～3ヵ所切り目を入れる）
　　… 3cm角のもの1枚
　しょうが（皮つきのまま薄切り）
　　… 1/2かけ
　水 … 350㎖
　酒 … 80㎖
　塩 … 小さじ1/2

● 作り方

1　長ねぎは5cm長さに切る。
2　鍋にAと長ねぎを入れて中火にかけ、
　　煮立ったらあさりを加えてふたをする。
　　あさりの口が開くまで約5分煮る。
3　もやしを加えてさっと煮る。
　　好みでポン酢かすだち果汁を添えても。

> メインは
>
> 厚揚げ × 根三つ葉 × 桜えび

厚揚げと根三つ葉、桜えびのしょうゆ鍋

先に桜えびをから煎りすること、そして三つ葉は根まで丸ごと入れるのがコツ。香りが違います。

● 材料〈1〜2人分〉

厚揚げ … 1枚
根三つ葉 … 6〜7本
桜えび … 8g

A
昆布(2〜3ヵ所切り目を入れる)
　… 3cm角のもの1枚
水 … 400㎖
酒、しょうゆ … 各大さじ1
しょうが(せん切り) … 1/2かけ
塩 … 少々

● 作り方

1　厚揚げは6等分に切る。
　　根三つ葉はざく切りにし、根はよく洗う。

2　鍋を中火で熱して桜えびを入れ、
　　香りが出るまでから煎りし、一度取り出す。

3　**2**の鍋に**A**を加えてひと煮立ちさせ、
　　厚揚げと根三つ葉を加える。
　　桜えびをのせて5分煮る。

chapter 1　食材3つですぐでき！小鍋　|魚介の鍋|

メインは

| はんぺん | × | ちりめんじゃこ | × | 小ねぎ |

はんぺんとじゃこの花椒鍋(ホアジャオ)

ぷくっとやわらかく煮たはんぺんに、花椒の強い香りをプラス。
口の中がビリビリしびれるような辛みがクセになります。

● 材料〈1〜2人分〉

はんぺん … 1枚
ちりめんじゃこ
　… 大さじ2
小ねぎ … 2本

花椒*(ホール) … 小さじ1

A ｜ 昆布(2〜3ヵ所切り目を入れる)
　　… 3cm角のもの1枚
　しょうが(皮つきのまま薄切り)
　　… 1/2かけ
　水 … 400㎖
　酒、しょうゆ … 各大さじ1
　塩 … 少々

糸唐辛子 … 少々

● 作り方

1　はんぺんは1.5cm幅に切る。
2　鍋にAと1、ちりめんじゃこ、
　　花椒を入れて中火にかける。煮立ったらアクを取り、
　　ふたをして約2分煮る。
3　小口切りにした小ねぎと糸唐辛子をふる。

＊花椒…中国原産の山椒で、しびれるような辛みが特徴。

chapter 1　食材3つですぐでき！小鍋　｜魚介の鍋｜

たらとわかめの磯鍋

磯の香りを満喫できる、シンプルなしょうゆ味の海鮮鍋。
ノンオイルで胃にやさしく、夜遅く食べてももたれません。

● 材料〈1～2人分〉

生たら … 2切れ
わかめ（塩蔵）… 10g
長ねぎ … 1/4本

塩 … 小さじ1

A
昆布（2～3ヵ所切り目を入れる）
　… 3cm角のもの1枚
しょうが（皮つきのまま薄切り）
　… 1/2かけ
水 … 400㎖
酒、しょうゆ … 各大さじ1
塩 … 少々

一味唐辛子 … 少々

● 作り方

1　生たらは塩をふって約10分おき、
　 出てきた水分をふき取って3等分に切る。

2　わかめは流水で洗い、たっぷりの水に約8分つけて戻し、
　 食べやすい大きさに切る。長ねぎは斜め薄切りにする。

3　鍋にAを入れて中火にかけ、煮立ったら
　 生たらと長ねぎを加えてひと煮立ちさせ、アクを取る。
　 ふたをして弱火で約5分煮る。

4　わかめを加えてさっと煮、一味唐辛子をふる。

chapter 1　食材3つですぐでき！小鍋　｜その他の鍋｜

油揚げとれんこんの柚子こしょう鍋

上品な辛みと酸味が味わえる柚子こしょうで大人の鍋に。
油揚げとれんこんをぐるりと囲むように並べるときれいです。

● 材料〈1〜2人分〉

油揚げ(厚めのもの) … 1/2枚
れんこん … 80g
水菜 … 6本

A
| 昆布(2〜3ヵ所切り目を入れる) … 3cm角のもの1枚
| しょうが(皮つきのまま薄切り) … 1/2かけ
| 水 … 400㎖
| 酒 … 大さじ1
| 塩 … 小さじ1/2

白いりごま … 小さじ2
柚子こしょう … 適量

● 作り方

1　油揚げはグリルかトースターで
　　焼き目がつくまで約4分焼き、一口大の三角形に切る。
2　れんこんは皮をむいて5mm幅に切り、
　　さっと水にさらす。水菜は2cm長さに切る。
3　鍋にAとれんこんを入れて中火にかけ、
　　煮立ったら油揚げを加えて約5分煮る。
4　水菜を加えてさっと煮、白いりごまをふる。
　　柚子こしょうを溶き入れる。

chapter 2

定番がおいしい！

ほっこり
小鍋

すき焼きやキムチ鍋、鶏だんご鍋など、ときどき無性に食べたくなる人気の定番鍋ってありますよね。私流の定番レシピは、食材をミニマムに絞りつつ、食べたかった"あの味"をしっかり再現できるように考えました。ここからは食材3つだけでなく、4つ以上の鍋も出てきます。でも、すぐ用意できる食材なので安心を。

chapter 2　　定番がおいしい！ ほっこり小鍋

すき焼き鍋

牛肉は少量でいいので、上質なものを使うと全体がランクアップ。
小鍋なら気軽に贅沢な気分が味わえます。

● 材料〈1〜2人分〉

牛ロース薄切り肉 … 100g　　　砂糖 … 大さじ1

長ねぎ … 1/4本　　　　　　　　しょうゆ … 大さじ2

しらたき(アク抜きずみ)　　　　酒 … 大さじ2
　　… 50g　　　　　　　　　　だし汁 … 300㎖

えのきだけ … 50g　　　　　　　七味唐辛子 … 少々

ごま油 … 少々　　　　　　　　　卵 … 1〜2個

● 作り方

1　長ねぎは斜め薄切りにする。
　　しらたきはできれば適量ずつ結ぶ。
　　えのきだけは石づきを除いてほぐす。

2　鍋を中火で熱してごま油を引き、
　　牛肉をさっと炒め、砂糖を加えてからめる。

3　**2**にしょうゆを加えてからめ、酒、だし汁、
　　1を加え、アクを取りながらひと煮立ちさせる。

4　七味唐辛子をふり、卵を添える。

chapter 2　　定番がおいしい！ ほっこり小鍋

海鮮寄せ鍋

鮭、かに、帆立…大好きな海の幸を組み合わせてとったスープは格別。
野菜はキャベツだけ、というシンプルさも◎。

● 材料〈1〜2人分〉

生鮭 … 2切れ
かにの脚（ゆでたもの）
　　… 5〜6本
ボイル帆立 … 4個
キャベツ … 1/6個
すだち（スライス）… 1個

A ┃ 昆布（2〜3ヵ所切り目を入れる）
　　… 3cm角のもの1枚
　┃ 水 … 400㎖
　┃ 酒 … 大さじ1
　┃ 塩 … 小さじ1/2

● 作り方

1　生鮭は2〜3等分に切ってさっと下ゆでし、
　　表面の色が変わったら水気をきる。
　　キャベツはざく切りにする。

2　鍋に**A**とキャベツを入れて中火にかけ、
　　煮立ったら生鮭、かにの脚、ボイル帆立を加える。

3　アクを取りながらひと煮立ちさせ、
　　約5分煮てすだちを加える。

chapter 2   定番がおいしい! ほっこり小鍋

豚バラと白菜のキムチ鍋

脂っこくない、すっきりとした辛みが心地よい大人のキムチ鍋。
しゃぶしゃぶ用の薄切り肉を使えばあっという間に完成します。

● 材料〈1〜2人分〉

豚バラしゃぶしゃぶ用肉
　　… 120g
白菜 … 2枚
玉ねぎ … 1/2個
白菜キムチ … 50g

A
しょうが(みじん切り) … 1/2かけ
にんにく(みじん切り) … 1/2かけ
水 … 400㎖
紹興酒(または酒) … 大さじ2
しょうゆ … 大さじ1
塩 … 少々

白いりごま … 適量

● 作り方

1　白菜は3cm幅、玉ねぎは1cm幅に切る。

2　鍋に A と1を入れ、中火にかける。
　　煮立ったら豚肉を1枚ずつ加えてアクを取り、
　　白菜キムチも加えてひと煮立ちさせる。白いりごまをふる。

chapter 2　定番がおいしい！ ほっこり小鍋

たらちり鍋

淡白な味わいがたまらない、昔ながらの和風鍋。
日本酒や焼酎でちょっとウチ飲みしたいときにもぴったりです。

● 材料〈1〜2人分〉

生たら … 2切れ
長ねぎ … 1/3本
絹ごし豆腐 … 1/2丁
貝割れ大根 … 1/2パック

A　昆布（2〜3ヵ所切り目を入れる）
　　　… 3cm角のもの1枚
　　水 … 400㎖
　　酒 … 大さじ2
　　塩 … 小さじ1/2
ポン酢しょうゆ、大根おろし
　　　… 各適量

● 作り方

1　生たらは2〜3等分に切ってさっと下ゆでし、
　　表面の色が変わったら水気をきる。
　　豆腐は半分に切り、長ねぎは縦に4等分に切る。

2　鍋に**A**と長ねぎを入れて中火にかけ、
　　煮立ったら豆腐と生たらを加えてひと煮立ちさせる。

3　貝割れ大根の根元を切って加える。
　　ポン酢しょうゆと大根おろしを添える。

chapter 2　定番がおいしい！ほっこり小鍋

鶏だんご鍋
レシピ→p.76

chapter 2 　　定番がおいしい！ ほっこり小鍋

鶏だんご鍋

やさしい甘みとやわらかい口当たりを持つ九条ねぎが隠れた主役。
根元は鶏だんごに混ぜ込み、葉先は小口切りにしてたっぷり散らして。

● **材料〈1〜2人分〉**

鶏ひき肉(もも) … 120g

九条ねぎ … 3本

にんじん … 1/2本

すだちまたはかぼす(スライス) … 1個

A
- しょうが(すりおろし) … 1かけ
- 溶き卵 … 大さじ2
- 片栗粉 … 小さじ2
- しょうゆ … 小さじ1
- 塩 … ひとつまみ

B
- 昆布(2〜3ヵ所切り目を入れる) … 3cm角のもの1枚
- しょうが(皮つきのまま薄切り) … 1/2かけ
- 水 … 400㎖
- 酒 … 大さじ2
- しょうゆ … 大さじ1
- 塩 … 少々

● 作り方

1 九条ねぎは長さを半分に切り、葉先は小口切りにする。
根元のほうはみじん切りにしてボウルに入れ、
鶏ひき肉、**A**を加えてよく練り混ぜる。
2 にんじんはピーラーで細長くそぐ。
3 鍋に**B**とにんじんを入れて中火にかけ、
煮立ったら**1**の肉だねをスプーン2本ですくって落とし入れ、
アクを取りながらひと煮立ちさせる。
4 弱火にして約7分煮る。九条ねぎの葉先とすだちを加える。

やわらかい肉だねは、スプーンを2本使って成形すると簡単。ラグビーボール状に整えながら直接鍋に落とし入れます。

chapter 2　　定番がおいしい！ほっこり小鍋

鮭とじゃがいもの石狩鍋

北海道の海と山の幸を盛り込んだ、味噌仕立ての郷土鍋。
じゃがいもと玉ねぎの素朴な甘さに癒されます。

● 材料〈1～2人分〉

生鮭 … 2切れ

じゃがいも … 1個

玉ねぎ … 1/2個

小松菜 … 2本

しめじ … 50g

　　　　　　　昆布（2～3ヵ所切り目を入れる）
　　　　　　　　 … 3cm角のもの1枚
A 　水 … 400㎖
　　　酒 … 大さじ2
　　　しょうゆ … 小さじ1

味噌 … 大さじ1

● 作り方

1 生鮭は2～3等分に切ってさっと下ゆでし、
　表面の色が変わったら水気をきる。

2 じゃがいもは皮をむいて1cm幅に切る。
　玉ねぎも1cm幅に切り、小松菜は食べやすい長さに切る。
　しめじは石づきを除いてほぐす。

3 鍋に**A**とじゃがいも、玉ねぎを入れて中火にかけ、
　煮立ったら生鮭を加えて
　アクを取りながらひと煮立ちさせる。

4 弱火にして約8分煮る。小松菜としめじを加えて
　さらに約5分煮て、味噌を溶き入れる。

chapter 2　定番がおいしい！ ほっこり小鍋

自家製きりたんぽ鍋

家にあるごはんで、手軽にきりたんぽ鍋を楽しめるおすすめレシピ。
香ばしく焼き目をつけるのがポイントです。

● 材料〈1〜2人分〉

鶏もも肉 … 120g

大根 … 80g

長ねぎ … 1/3本

温かいごはん
　　… 茶碗2杯分

塩 … 小さじ1/4

A

昆布（2〜3ヵ所切り目を入れる）
　　… 3cm角のもの1枚

しょうが（皮つきのまま薄切り）
　　… 1/2かけ

水 … 400㎖

酒、しょうゆ … 各大さじ1

塩 … 少々

白いりごま … 少々

● 作り方

1　鶏肉は食べやすい大きさに切る。
　　大根はピーラーで幅を広めにそぐ。
　　長ねぎは斜め薄切りにする。

2　ごはんは塩を加え、すりこぎなどで食感が残る程度の
　　半づきにし、4〜5等分のだんご状に丸める。
　　グリルかトースターで7〜8分焼き、焼き目をつける。

3　鍋に**A**と大根を入れて中火にかけ、煮立ったら
　　鶏肉を加えてアクを取りながらひと煮立ちさせる。

4　弱火にしてふたをし、約8分煮る。
　　2と長ねぎを加えてひと煮立ちさせ、白いりごまをふる。

chapter 2　定番がおいしい! ほっこり小鍋

牛モツ鍋

新鮮なモツが手に入ったらぜひ作ってみて!
プリッとしたモツと野菜の甘さ、濃厚なスープに箸が止まりません。

● 材料〈1〜2人分〉

牛モツ … 150g
キャベツ … 1/6個
きくらげ(戻したもの)
　… 2枚
にら … 4本
塩 … 小さじ1

A

昆布(2〜3ヵ所切り目を入れる)
　… 3cm角のもの1枚
しょうが(皮つきのまま薄切り)
　… 1/2かけ
水 … 400㎖
酒、しょうゆ … 各大さじ1
塩 … 少々

白いりごま … 小さじ1

● 作り方

1　牛モツは大きければ食べやすく切り、
　塩をふってもみ洗いし、流水で洗って水気をふく。

2　キャベツはざく切りにし、
　きくらげは細切りにする。にらは3cm長さに切る。

3　鍋にAAを入れて中火にかけ、煮立ったらモツを加え、
　アクを取りながらひと煮立ちさせる。

4　弱火にし、キャベツときくらげを加えてふたをし、
　7〜8分煮る。にらを加えてさっと煮、白いりごまをふる。

082

chapter 2　定番がおいしい！ ほっこり小鍋

牡蠣ときのこの土手鍋

赤味噌は最後に加え、溶かしながら食べると風味がしっかり残ります。
自分好みの濃さに調節できるのもうれしい。

● **材料〈1〜2人分〉**

牡蠣 … 200g	**A** 昆布（2〜3ヵ所切り目を入れる）
長ねぎ … 1/3本	… 3cm角のもの1枚
まいたけ … 80g	しょうが（皮つきのまま薄切り）
塩 … 小さじ1	… 1/2かけ
	水 … 400㎖
	酒 … 大さじ3
	しょうゆ … 小さじ1
	塩 … 少々
	B 赤味噌 … 大さじ1
	しょうゆ … 小さじ2
	砂糖 … 小さじ1
	白いりごま … 少々

● **作り方**

1　牡蠣は塩をつけてやさしくもみ洗いし、
　　流水で洗い流して水気をふく。

2　長ねぎは斜め薄切りにし、まいたけはほぐす。

3　鍋に**A**を入れて中火にかけ、煮立ったら
　　1、**2**を加えてアクを取りながらひと煮立ちさせる。

4　弱火にして約5分煮る。
　　Bを混ぜ合わせて鍋の縁にのせ、溶かしながら食べる。

chapter 3
世界を旅する
絶品小鍋

アジア、ヨーロッパ、アフリカ、南米…それぞれの土地に根づくハーブやスパイスを駆使して、世界中のおいしい鍋に挑戦。これまでに旅した国を思い出したり、これから訪れたい場所に思いを馳せたり…。家にいながらにして遠くに行った気分になれる"旅する"小鍋レシピです。

chapter 3　　世界を旅する　絶品小鍋

ひき肉とトマトの中東風蒸し鍋

スパイスやオリーブをたっぷり盛り込んでエキゾチックな味わいに。
タジン鍋など、厚手の土鍋で作るのがおすすめです。

● 材料〈1〜2人分〉

牛ひき肉 … 120g

A
クミンシード … 小さじ1
にんにく(みじん切り)
　… 1かけ
白ワイン … 大さじ1
塩、粗びき黒こしょう
　… 各少々

玉ねぎ … 1個
ミニトマト(赤・黄) … 各3個
オリーブの実(緑) … 8〜10個
オリーブオイル … 大さじ2

B
白ワイン … 50㎖
塩 … 小さじ1/2
粗びき黒こしょう … 少々

● 作り方

1　ひき肉はボウルに入れ、**A**を加えてよく混ぜる。

2　玉ねぎは6等分のくし形に切り、
　　ミニトマトは縦半分に切る。

3　鍋を中火で熱してオリーブオイルを引き、
　　底面の半分に**1**を敷き詰める。

4　**2**、オリーブの実を加えて**B**をふり、
　　ふたをして約12分蒸し煮にする。

chapter 3 世界を旅する 絶品小鍋

めかじきのココナッツレモン鍋

めかじきのようなクセのない魚介とココナッツミルクは相性抜群。
マイルドな味わいの中に、ねぎやレモンでアクセントをつけて。

● 材料〈1～2人分〉

めかじき … 1切れ
紫玉ねぎ … 1/3個
赤ピーマン … 1個
塩 … 小さじ1/2
九条ねぎ … 3本

レモンスライス … 3枚
レモン汁 … 大さじ1

A | ココナッツミルク … 200㎖
だし汁(かつおと昆布) … 200㎖
ナンプラー、酒 … 各大さじ1

● 作り方

1　めかじきは塩をふって約10分おき、
　　出てきた水分をふき取って3～4等分に切る。
　　紫玉ねぎは薄切り、赤ピーマンは輪切りにする。

2　鍋に**A**を入れて中火にかけ、煮立ったら1を加え、
　　アクを取りながらひと煮立ちさせる。

3　弱火にして約8分煮る。小口切りにした九条ねぎ、
　　レモンスライス、レモン汁を加えてさっと煮る。

豚肉と香菜の
エスニックしゃぶしゃぶ

**香菜好きにはたまらない、香りを楽しむアレンジしゃぶしゃぶ。
まるでタイやベトナムの屋台を訪れたような雰囲気に浸れます。**

●材料〈1～2人分〉

豚ロースしゃぶしゃぶ用肉 … 120g
空芯菜 … 8本
香菜 … 5本
すだち(スライス) … 1個

A
レモングラス…3本
しょうが(皮つきのまま薄切り) … 1かけ
水 … 400㎖
ナンプラー … 大さじ1と1/2
酒 … 大さじ1

●作り方

1　空芯菜と香菜は食べやすい長さに切る。
2　鍋に**A**を入れて中火で熱し、煮立ったら豚肉を1枚ずつ加え、アクを取りながら1～2分火を通す。
3　**1**を加えてさっと煮る。

chapter 3 世界を旅する 絶品小鍋

えびとチキンの
カレースパイシー鍋
レシピ→*p.96*

chapter 3　世界を旅する　絶品小鍋

えびとチキンの
カレースパイシー鍋

**魚介とお肉を両方加えることで、よりうまみの深いカレースープに。
生の葉野菜を最後に添え、サラダ感覚で楽しむこともできます。**

● 材料〈1〜2人分〉

鶏むね肉 … 150g
えび … 3〜4尾
玉ねぎ … 1/3個
にんにく(みじん切り) … 1かけ
ロメインレタス … 2枚
カレー粉 … 小さじ1と1/2
クミンパウダー … 小さじ1/2
片栗粉 … 大さじ1
オリーブオイル … 小さじ2

A │ 水 … 400㎖
　│ 酒、しょうゆ … 各大さじ1
　│ 塩 … 小さじ1/4

粗びき黒こしょう … 少々

● **作り方**

1. 鶏肉は食べやすい大きさに切り、
カレー粉とクミンパウダーをよくもみ込む。
えびは殻つきのまま背わたを取り除き、
片栗粉をつけてもみ洗いし、流水で洗う。
2. 玉ねぎは薄切りにする。
ロメインレタスは食べやすい大きさに切る。
3. 鍋ににんにく、オリーブオイルを入れて中火にかけ、
香りが立ったら鶏肉を加え、焼き目がつくまで焼く。
4. 玉ねぎを加えてさっと炒め、**A**を加えて
アクを取りながらひと煮立ちさせる。
5. **4**にえびとロメインレタスを加えてさっと煮、
粗びき黒こしょうをふる。

淡白なむね肉は、カレー粉とクミンパウダーをまぶして下味つけ。煮る前に焼き目をつけるとタンドリーチキンのような香ばしさに。

chapter 3　世界を旅する　絶品小鍋

ムール貝とあさりのレモン鍋

**ベルギーのブラッセリーにいるような貝ずくめの小鍋。
こんがり焼いたバゲットをスープに浸して食べると絶品です!**

● 材料〈1〜2人分〉

ムール貝 … 4個
あさり(砂抜きずみ) … 100g
紫玉ねぎ … 1/2個
レモン … 1/2個
バゲット … 適量

A ┃ にんにく(つぶす) … 1かけ
　　┃ 白ワイン … 50㎖
　　┃ 水 … 350㎖
　　┃ オリーブオイル … 大さじ1
　　┃ 塩 … ひとつまみ
　　粗びき黒こしょう … 少々

● 作り方

1　ムール貝はよく洗い、殻についた汚れを落とす。
　　紫玉ねぎは輪切りにし、レモンは半分に切る。

2　バゲットはトーストする。

3　鍋に **A** と紫玉ねぎを入れて中火にかける。
　　煮立ったらムール貝とあさりを加え、
　　アクを取りながらひと煮立ちさせる。

4　貝の口が開いたら、
　　レモンを加えて粗びき黒こしょうをふり、
　　バゲットを添える。

chapter 3　世界を旅する　絶品小鍋

牛肉と紫玉ねぎのクミン鍋

食欲を刺激するクミンの香りがたまらない、トルコ風牛鍋。
野菜の彩りにもこだわって、異国情緒を満喫。

●材料〈1～2人分〉

牛ももしゃぶしゃぶ用肉
　　… 120g
紫キャベツ … 1/6個
紫玉ねぎ … 1/3個
ミニトマト(黄) … 7個
クミンシード … 小さじ2
オリーブオイル … 大さじ1

A
にんにく(つぶす) … 1かけ
水 … 350㎖
白ワイン … 50㎖
しょうゆ … 大さじ1
塩 … 小さじ1/4

●作り方

1　紫キャベツはせん切りにし、
　　紫玉ねぎは薄切りにする。ミニトマトは半分に切る。

2　鍋を中火で熱し、
　　クミンシードとオリーブオイルを入れて
　　香りが出るまで炒める。

3　**2**に**A**を加えてひと煮立ちさせ、
　　紫キャベツ、紫玉ねぎを加えて約8分煮る。

4　ミニトマトと牛肉を加え、火が通るまで約5分煮る。

chapter 3　世界を旅する　絶品小鍋

ソーセージと
ザワークラウトのビネガー鍋

ドイツのおいしいものをひとつの鍋に詰め込んだよくばりレシピ。
食べごたえがありながらも、独特の酸味のおかげで後味さっぱり。

● 材料〈1～2人分〉

ソーセージ … 4本
キャベツのザワークラウト
　（市販のもの） … 100g
じゃがいも … 2個
玉ねぎ … 1/4個

A

にんにく（つぶす） … 1かけ
水 … 350㎖
白ワイン … 50㎖
オリーブオイル … 大さじ1
塩 … 小さじ1/4
粒黒こしょう … 小さじ1

● 作り方

1　じゃがいもは皮をむいて食べやすく切る。
　　玉ねぎは1cm幅に切る。

2　鍋にAと1、キャベツのザワークラウトを入れて
　　中火で熱し、煮立ったら弱火にしてふたをし、約10分煮る。

3　ソーセージを加えてさらに5分煮る。

chapter 3　　世界を旅する　絶品小鍋

鶏肉とズッキーニ、
レモンのナンプラー鍋

夜遅く食べても太る心配ゼロのヘルシーなアジアン鍋。
ズッキーニやレモンをすべて輪切りにし、見た目もキュートに。

● 材料〈1〜2人分〉

鶏むね肉 … 120g

ズッキーニ(緑・黄)

　… 各1/2本

玉ねぎ … 1/2個

レモン(スライス) … 1/2個

レモン汁 … 大さじ1

A {
にんにく(つぶす) … 1かけ

水 … 400㎖

ナンプラー、酒 … 各大さじ1

あれば赤唐辛子 … 1本
}

粗びき黒こしょう … 小さじ1

● 作り方

1　鶏肉は食べやすい大きさのそぎ切りにする。
　　ズッキーニと玉ねぎは7〜8mm幅の輪切りにする。

2　鍋に**A**を入れて中火にかけ、
　　煮立ったらズッキーニと玉ねぎを加えて約5分煮る。

3　ふたをして約5分煮、鶏肉を加えてアクを取る。
　　7〜8分煮てレモンスライスとレモン汁を加え、
　　粗びき黒こしょうをふる。

chapter 3 世界を旅する 絶品小鍋

牛肉とじゃがいもの韓国風鍋

にんにく風味をきかせつつ、昆布だしベースなのでどこか上品。
箸で切れるほどやわらかく煮込んだ牛肉がたまりません。

● 材料〈1～2人分〉

牛カレー用肉 … 120g
じゃがいも(中) … 2個
九条ねぎ … 2本

A
昆布(2～3ヵ所切り目を入れる)
　… 3cm角のもの1枚
にんにく(せん切り) … 1/2かけ
しょうが(せん切り) … 1/2かけ
水 … 700㎖
酒 … 50㎖

B
しょうゆ … 大さじ1
コチュジャン、ごま油
　… 各小さじ1

● 作り方

1　じゃがいもは皮をむいて1.5cm幅に切る。

2　鍋にAを入れて中火にかけ、煮立ったら牛肉を加えて
　アクを取りながらひと煮立ちさせる。

3　ふたをして弱火にし、約25分煮る。

4　じゃがいもを加えてふたをし、さらに約12分煮る。
　Bを加え、小口切りにした九条ねぎをのせる。

chapter 3　世界を旅する　絶品小鍋

豚肉といんげんの花椒鍋
（ホアジャオ）

**ナンプラー風味の澄んだスープに、花椒でピリッとアクセントを。
くたっと煮えたいんげんとねぎもおいしい。**

● 材料〈1〜2人分〉

豚バラしゃぶしゃぶ用肉
　　… 120g
さやいんげん … 8本
長ねぎ … 15cm

A

昆布（2〜3ヵ所切り目を入れる）
　　… 3cm角のもの1枚
にんにく（つぶす）… 1かけ
しょうが（せん切り）… 1かけ
水 … 400㎖
紹興酒（または酒）… 50㎖
ナンプラー … 大さじ1
花椒*（ホール）… 小さじ1

● 作り方

1　さやいんげんは端を切り落とし、
　　長ねぎは縦半分に切る。

2　鍋に**A**を入れて中火にかけ、
　　煮立ったら**1**を加えてひと煮立ちさせる。

3　豚肉を加え、アクを取りながら火を通す。

＊花椒…中国原産の山椒で、しびれるような辛みが特徴。

chapter 3　世界を旅する　絶品小鍋

ラムチョップとトマト、いんげんのモロッコ風鍋
レシピ→*p.112*

chapter 3　世界を旅する　絶品小鍋

ラムチョップとトマト、いんげんのモロッコ風鍋

**骨つきラムと野菜の力強いおいしさをダイレクトに味わえる
スープ少なめの蒸し鍋。できればタジン鍋で作るのがおすすめ。**

● 材料〈1〜2人分〉

ラムチョップ … 2本
ピーマン(赤・黄) … 各1個
モロッコいんげん … 5本
トマト … 1個
にんにく(つぶす) … 1かけ
オリーブオイル … 小さじ2
塩 … 小さじ1/4

A
| ミックスハーブ(エルブ・ド・プロヴァンス) … 小さじ1
| クミンシード … 小さじ1/2
| 塩 … 小さじ1/4
| 白ワイン … 50㎖

● **作り方**

1　ラムチョップは塩をよくすり込む。
　モロッコいんげんは端を切り落とし、
　トマトは1cm幅の輪切りにする。
2　鍋ににんにくとオリーブオイルを入れて中火にかけ、
　香りが立ったらラムチョップを入れ、
　両面に焼き目をつける。
3　丸ごとのピーマン、モロッコいんげん、トマトをのせ、
　Aを回しかける。
　ふたをして弱めの中火で約12分蒸し煮にする。

ラムチョップは最初にこんがりと焼き目をつけて香ばしさを引き出して。にんにくと一緒に焼くことで臭みもなくなります。

chapter 3　世界を旅する　絶品小鍋

ベーコンと大豆の
メキシカン鍋

チリパウダーと豆があれば、とたんにメキシコっぽくなります。
ベーコンはかたまりを分厚くスライスすると、食べごたえが倍増。

● 材料〈1〜2人分〉

ベーコン（かたまり）… 80g	にんにく（つぶす）… 1かけ
ゆで大豆 … 100g	オリーブオイル … 小さじ2
トマト（大）… 1/2個	**A** 水 … 300㎖
セロリ … 12cm	白ワイン … 50㎖
セロリの葉 … 3枚	塩 … 小さじ1/2
玉ねぎ … 1/3個	チリパウダー … 少々

● 作り方

1　ベーコンは1cm幅に切る。トマトはざく切りにする。
　　セロリは筋を取って斜め薄切り、玉ねぎは薄切りにする。

2　鍋ににんにくとオリーブオイルを入れて中火にかけ、
　　香りが立ったらベーコンを入れ、脂が出るまで炒める。

3　**2**にセロリと玉ねぎを加え、透き通るまで炒めたら、
　　セロリの葉とトマト、**A**を加えてひと煮立ちさせる。
　　アクを取り、ゆで大豆を加えてふたをし、約12分煮る。

4　塩とチリパウダーをふる。

chapter 3   世界を旅する　絶品小鍋

魚介のスペイン風白ワイン鍋

海の幸をどっさり入れて、シンプルに煮込んだ漁師鍋。
塩気の強いオリーブが全体を引き締めます。

● 材料〈1〜2人分〉

ムール貝(小) … 8個
白身魚(鯛、金目鯛など)
　　… 1切れ分
オリーブの実(緑) … 8個
玉ねぎ … 1/2個
塩 … 小さじ1/3
タイム … 7〜8本

	にんにく(つぶす) … 1かけ
	水 … 350㎖
A	白ワイン … 50㎖
	塩 … 小さじ1/3
	オリーブオイル … 小さじ2
	レモンスライス … 3枚

● 作り方

1　ムール貝はよく洗い、殻についた汚れを落とす。
　　白身魚は食べやすい大きさに切り、
　　塩をふって約10分おき、水気をふく。
　　玉ねぎは薄切りにする。

2　鍋に **A** を入れて中火にかけ、煮立ったら **1** を加え、
　　アクを取りながらひと煮立ちさせる。

3　オリーブの実とタイムを加え、ふたをして約8分煮る。
　　レモンスライスを加える。

chapter 3　世界を旅する　絶品小鍋

豚肉と春雨の八角鍋

八角や五香粉などの中華スパイスをふんだんに使い、
濃厚な本場の味を再現。うまみをたっぷり吸った春雨もごちそうです。

● 材料〈1〜2人分〉

豚ももしゃぶしゃぶ用肉
　　… 120g
干ししいたけ … 3枚
春雨 … 15g
長ねぎ … 15cm

A
紹興酒(または酒) … 大さじ2
にんにく(薄切り) … 1かけ
しょうが(皮つきのまま薄切り)
　　… 1かけ
オイスターソース … 小さじ2
しょうゆ … 小さじ1
赤唐辛子 … 1本
八角 … 1個

五香粉(ウーシャンフェン) … 少々

● 作り方

1　干ししいたけは水400㎖(分量外)を入れたボウルにつけ、
　　一晩おいて戻しておく。
　　石づきを除いて半分に切り、戻し汁はとっておく。

2　春雨は熱湯に10分つけて戻し、食べやすい長さに切る。
　　長ねぎは4〜5cm長さに切る。

3　鍋にAと干ししいたけと戻し汁、
　　長ねぎを加えて中火にかける。

4　煮立ったらアクを取り、春雨と豚肉を加えて
　　ひと煮立ちさせ、五香粉をふる。

119

chapter 3　世界を旅する　絶品小鍋

えびの
トマトリゾット鍋
レシピ→p.122

chapter 3　世界を旅する　絶品小鍋

えびのトマトリゾット鍋

**えび、トマト、チーズ…まちがいなくおいしい組み合わせのイタリアン鍋。
お米から作るリゾットは、簡単なのに本格的な味わいです。**

● 材料〈1〜2人分〉

えび(ブラックタイガーなど) … 4尾
トマト(大) … 1個
玉ねぎ … 1/3個
セロリ … 10cm
にんにく(みじん切り) … 1かけ
米 … 1/2合(90㎖)
片栗粉 … 大さじ2
オリーブオイル … 小さじ1
A ｜ 水 … 400㎖
　｜ 白ワイン … 50㎖
塩…小さじ1/4
チーズ(パルミジャーノ・レッジャーノ) … 大さじ2
粗びき黒こしょう … 少々
あればイタリアンパセリ … 適量

● **作り方**

1. えびは殻と背わたを取り除き、
片栗粉をまぶしてもみ洗いし、流水で洗う。
水けをきって2cm幅に切る。
トマトはざく切りにし、
玉ねぎ、セロリはみじん切りにする。

2. 鍋ににんにくとオリーブオイルを入れて中火にかける。
香りが立ったら玉ねぎ、セロリを加えて
透き通るまで炒める。

3. **2**に米を加えて透き通るまで炒め、
トマトと**A**を加えてひと煮立ちさせ、アクを取る。
弱火にして約20分煮る。

4. **3**にえびと塩を加えて約5分煮、
すりおろしたチーズと粗びき黒こしょうをふる。
あればイタリアンパセリを添える。

お米は研がずにそのまま使います。野菜と一緒に炒めて香りを移すとともに、油でコーティング。粘りが出にくくなります。

chapter 3　世界を旅する　絶品小鍋

鶏とじゃがいもの ハーブクリーム鍋

しっかり煮込んだじゃがいもに、ローズマリーの甘い香りが好相性。 生クリームがなくても、牛乳とバターで手軽に作れます。

● 材料〈1〜2人分〉

鶏もも肉 … 120g
じゃがいも（中）… 2個
玉ねぎ … 1/2個
にんにく（つぶす）… 1/2かけ
ローズマリー … 2本
薄力粉 … 小さじ2
オイーブオイル … 小さじ1

A｜水 … 200mℓ
　｜白ワイン … 50mℓ
牛乳 … 120mℓ
バター … 10g
塩 … 小さじ1/3
粗びき黒こしょう … 少々

● 作り方

1　鶏肉は好みで皮を取り除き、
　　半分に切って薄力粉をまぶす。
　　皮をむいたじゃがいも、玉ねぎは1cm幅に切る。

2　鍋ににんにくとオリーブオイルを入れて中火にかけ、
　　香りが立ったら鶏肉を入れて両面に焼き目をつける。

3　じゃがいも、玉ねぎ、ローズマリーを加えてさっと炒め、
　　Aを加える。アクを取りながらひと煮立ちさせる。

4　弱火にしてふたをし、約12分煮る。
　　牛乳、バター、塩を加え、煮立つ直前で火を止めて
　　粗びき黒こしょうをふる。

124

chapter 4

晩酌のお供に

おつまみ
小鍋

お酒をおいしく飲むための、おつまみにぴったりな小鍋レシピをご紹介。あつあつ、できたての小鍋がひとつあれば晩酌の準備は完了。ビールで、ワインで…今日の気分に合わせて飲みたいお酒を決めて、おつかれさま！と晴れやかに1日を締めくくりましょう。

chapter 4　晩酌のお供に　おつまみ小鍋

オイルサーディンと
トマトのガーリック鍋

**いわしのうまみが凝縮されたオイルサーディンにひと手間かけて、
ワインが進む小鍋仕立てに。ローズマリーの芳香は臭み消しにも。**

● 材料〈1～2人分〉

オイルサーディン缶 … 1缶　　　　ローズマリー … 1枝

ミニトマト（黄）… 6個　　　　　　白ワイン … 大さじ3

玉ねぎ … 1/2個　　　　　　　　　オリーブオイル … 大さじ1

にんにく（つぶす）… 1/2かけ　　　塩 … 少々

● 作り方

1　ミニトマトは縦半分に切り、玉ねぎは薄切りにする。

2　鍋ににんにく、玉ねぎ、オイルサーディンを汁ごと入れ、
　　白ワインとオリーブオイルを回しかける。
　　ローズマリーをちぎって散らし、中火にかける。

3　煮立ったら弱火にし、ミニトマトを加えて約8分煮、
　　塩をふる。

chapter 4　晩酌のお供に　おつまみ小鍋

豆腐ともやしの豆鼓鍋（トウチ）

豆鼓さえあれば、冷蔵庫の豆腐ともやしが絶品つまみに。
すぐに火が通る素材ばかりなので、スキレットや浅い鍋で作れます。

● 材料〈1〜2人分〉

絹ごし豆腐 … 1/2丁
もやし … 1/3袋
小ねぎ … 2本
豆鼓* … 大さじ1

A
にんにく（薄切り）… 1/2かけ
しょうが（皮つきのまま薄切り）
　… 1/2かけ
紹興酒（または酒）… 大さじ2
オイスターソース … 大さじ1/2
しょうゆ、酢、ごま油
　… 各小さじ1

● 作り方

1　豆鼓は粗く刻み、**A**に加えて混ぜる。

2　もやしはできればひげ根を取る。

3　1を鍋に入れて中火にかけ、
　　煮立ったら豆腐ともやしを加えてひと煮立ちさせる。
　　小口切りにした小ねぎを加えてさっと煮る。

＊豆鼓…黒豆を発酵させた中華調味料。強い塩気とうまみが特徴。

chapter 4　晩酌のお供に　おつまみ小鍋

長ねぎと
ゴルゴンゾーラのオイル鍋

材料は2つだけ！気のきいた組み合わせで、すぐに飲み始められます。
とろけるゴルゴンゾーラを長ねぎにからめながら召し上がれ。

● **材料〈1〜2人分〉**

長ねぎ … 1本
ゴルゴンゾーラチーズ … 40g
白ワイン … 50㎖
オリーブオイル … 大さじ2
粗びき黒こしょう … 少々
レモン汁 … 小さじ2

● **作り方**

1　長ねぎは1cm幅の小口切りにし、浅めの鍋に敷き詰める。
2　**1**にちぎったゴルゴンゾーラチーズ、白ワイン、
　　オリーブオイルを加えて中火にかける。
3　煮立ったら弱火にして約8分煮、
　　粗びき黒こしょうとレモン汁をふる。

chapter 4 晩酌のお供に おつまみ小鍋

たことオリーブのアンチョビ鍋

塩気とうまみたっぷりで、お酒がグイグイ進みそう。
仕上げにミントをばさっとのせてさわやかな香りをプラス。

● 材料〈1～2人分〉

ゆでたこ … 100g

オリーブの実(緑) … 6個

アンチョビ … 2切れ

にんにく(つぶす) … 1/2かけ

白ワイン … 50㎖

オリーブオイル … 大さじ2

ペパーミント … 10g

● 作り方

1 ゆでたこは乱切りにする。

2 浅めの鍋に1、オリーブの実、アンチョビ、にんにく、
白ワイン、オリーブオイルを入れて中火にかける。

3 煮立ったら弱火にして約8分煮、ペパーミントをのせる。
アンチョビを崩しながら食べる。

chapter 4　晩酌のお供に　おつまみ小鍋

こんにゃくとちくわの
おでん風鍋

日本酒や焼酎をしみじみ味わいたいなら、気どらない居酒屋風の
このレシピ。ひき肉のおかげで、煮込まなくても味がよくしみます。

● 材料〈1〜2人分〉

豚ひき肉 … 120g
こんにゃく（黒・白）
　　… 各1/2枚
ちくわ … 1本

A｜ にんにく（みじん切り）… 1/2かけ
　｜ しょうが（みじん切り）… 1/2かけ
　｜ ごま油 … 小さじ1
　｜ 豆板醤 … 小さじ1/4

だし汁（かつおと昆布）… 100㎖
みりん、しょうゆ … 各大さじ1
三つ葉 … 適量

● 作り方

1　こんにゃくはそれぞれ4等分の三角形に切り、
　　2切れずつ竹串に刺す。ちくわは3等分の斜め切りにする。

2　鍋にAを入れて中火にかけ、
　　香りが立ったら豚ひき肉を加え、色が変わるまで炒める。
　　だし汁、みりん、しょうゆを加える。

3　1を加えて3〜4分煮、
　　ざく切りにした三つ葉を加えながら食べる。

chapter 4　晩酌のお供に　おつまみ小鍋

あさりとパプリカの
ワイン蒸し鍋

パプリカとパセリのビタミンカラーが目を引くおつまみ小鍋。
あさりのエキスが溶け出したスープは、パンに浸すと美味！

● 材料〈1〜2人分〉

あさり（砂抜きずみのもの）
　… 150g
パプリカ（赤・黄）
　… 各1/3個

A

にんにく（薄切り）… 1かけ
白ワイン … 100㎖
オリーブオイル … 大さじ2
粒黒こしょう … 小さじ1

パセリ … 4房

● 作り方

1　パプリカは2cm角に切る。

2　鍋にAを入れて中火にかけ、煮立ったら
　　あさりとパプリカを加えてひと煮立ちさせる。

3　弱火にしてふたをし、約8分蒸し煮にする。
　　ふたを取ってパセリを加える。

chapter 4　晩酌のお供に　おつまみ小鍋

帆立ときのこのすだち鍋

ストックしてある帆立缶ときのこを組み合わせて、
滋味あふれるやさしい味に。すだちをキュッと絞りながらどうぞ。

● 材料〈1〜2人分〉

帆立水煮缶(小) … 1缶
しいたけ … 2枚
えのきだけ … 30g
しょうが(皮つきのまません切り)
　　… 1/2かけ

すだち … 1個

A
| 酒 … 大さじ1
| 水 … 100㎖
| ごま油 … 小さじ2

しょうゆ … 小さじ1

● 作り方

1　しいたけは石づきを除いて薄切り、
　　えのきだけは石づきを除いて3cm長さに切る。

2　鍋に 1、しょうが、帆立缶を汁ごと加え、
　　A を加えて中火にかける。
　　煮立ったらアクを取り、弱火にして約5分煮る。

3　しょうゆ、半分に切ったすだちを加える。

column 1

おもてなしにもなる　ごちそう鍋

皮から作る餃子の香草鍋
レシピ→p.144

きちんと料理を作りたい休日や、人を呼んでおうちパーティする日など、ちょっと特別なときにおすすめのごちそう鍋レシピをご紹介。手間をかけた分だけ、盛り上がることうけあいです。

column 1　おもてなしにもなる　ごちそう鍋

皮から作る餃子の香草鍋

**皮作りは始めてみると楽しくて、意外と簡単。もちろん
おいしさも格別です。みんなで分業しながら作るのもいいかも。**

●材料〈3〜4人分〉

皮
- 薄力粉 … 30g
- 強力粉 … 130g
- ぬるま湯 … 100〜120ml

あん
- 豚ひき肉 … 100g
- セロリ … 1本
- 長ねぎ … 1/2本
- しょうが … 1と1/2かけ
- 塩 … 小さじ1/3
- A
  - 紹興酒 … 大さじ1/2
  - しょうゆ、ごま油 … 各小さじ1

B
- 水 … 700ml
- 酒 … 大さじ2

香菜 … 12本
白いりごま … 小さじ2
酢じょうゆ … 適量

● **作り方**

1 皮を作る。ボウルに薄力粉と強力粉を入れ、ぬるま湯を2〜3回に分けて加えながら手早く混ぜ、ひとまとめにする（水分が少なければ水大さじ1を足す）。

2 まな板に強力粉適量（分量外）をふり、1をのせる。全体にツヤが出てしっとりとなじむまでよくこねる。ラップで包み、約30分休ませる。

3 2を長さ30cmの棒状にのばし、2cm幅の15等分に切る。

4 3を1切れずつ手で丸くつぶす。めん棒を使い、生地を回転させながら約10cmの円形にのばす。

5 あんを作る。セロリはみじん切りにし、塩を加えてしんなりするまでもみ、出てきた水分をぎゅっと絞る。長ねぎはみじん切りにし、しょうがはすりおろす。

6 ボウルに豚ひき肉、5、**A**を加えて粘りが出るまでよく混ぜる。

7 6のあんを15等分し、4の皮で包み、水をつけて口をとじる。

8 鍋に**B**を入れて中火にかけ、煮立ったら餃子を加えてひと煮立ちさせる。ざく切りにした香菜を加え、白いりごまをふり、酢じょうゆを添える。

手早く混ぜ、ボウルに生地がつかない程度のかたさになればOK。

生地を回転させながらめん棒でのばし、円形に。なるべく中央に厚みを残してのばすのがコツ。

column 1　おもてなしにもなる ごちそう鍋

チーズフォンデュ鍋
レシピ→*p.148*

column 1　　おもてなしにもなる　ごちそう鍋

チーズフォンデュ鍋

チーズのとろ〜り感がたまらない、寒い季節にぴったりのおもてなし鍋。
具にする野菜は、蒸し器でほっくりとスチームしておきます。

● **材料〈3〜4人分〉**

エメンタールチーズ(削ったもの) … 80g
グリュイエールチーズ(削ったもの) … 80g
白ワイン … 500〜700㎖
ビーツ … 1個(300g)
じゃがいも(小) … 8個
かぶ … 4個
塩 … 少々
バゲット … 1/2本
タイム … 5本

● 作り方

1. じゃがいもは皮つきのまま半分に切り、
   ビーツは皮をむいて4cm角に切る。
   かぶは6等分のくし形に切る。
2. 蒸気の立った蒸し器にじゃがいもとビーツを入れ、
   ふたをして約8分蒸す。かぶを加えさらに約3分蒸し、
   器に盛って塩をふる。
3. バゲットは食べやすい大きさに切る。
4. 鍋に2種類のチーズと白ワインを入れ、中火にかける。
   へらで混ぜながら溶かし、ひと煮立ちしたらタイムを加え、
   弱火にしてなめらかになるまで混ぜる。
5. 4に野菜とバゲットをからめながら食べる。
   煮詰まってきたら白ワイン適量（分量外）を足す。

チーズは2種類使うと味に奥行きが出ます。ここではフォンデュに欠かせないエメンタールと、ナッツのようなコクのあるグリュイエールをミックス。

column 1　おもてなしにもなる　ごちそう鍋

魚介のサフラン鍋
レシピ→p.152

column 1　おもてなしにもなる　ごちそう鍋

魚介のサフラン鍋

何種類もの魚介をふんだんに使い、黄金色のサフランで煮込んだ地中海風ごちそう鍋。洗練された香りとおいしさは感動ものです。

●材料〈3〜4人分〉

甘塩鮭 … 2切れ
有頭えび … 4〜5尾
めばる（鯛、カサゴでもよい・20cmくらいのもの）… 1尾
あさり（砂抜きずみ）… 200g
玉ねぎ … 1個
にんにく（つぶす）… 1かけ
サフラン … 小さじ1
塩 … 小さじ1
白ワイン … 100㎖
ローリエ … 1枚
オリーブオイル … 小さじ2
チャービル … 適量

● **作り方**

1. 甘塩鮭は3等分に切る。
   有頭えびは背わたを除いて洗い、水気をふく。
   めばるは内臓を除いて洗い、
   塩をふって約10分おき、出てきた水分をふく。
2. 水700㎖(分量外)にサフランを入れて10分おく。
   玉ねぎは薄切りにする。
3. 鍋に2、にんにく、白ワイン、ローリエを入れて
   中火にかける。
   煮立ったらめばるを加え、ひと煮立ちさせてアクを取る。
4. 鮭とえびを加えて再度ひと煮立ちさせ、アクを取る。
   あさりを加えてふたをし、約3分煮る。
   あさりの口が開いたらオリーブオイルを回しかけ、
   ざく切りにしたチャービルを散らす。

サフランはしばらく水につけておいて。
色素が溶け出して鮮やかな黄～赤色にな
り、香りもしっかり引き出されます。

column 2

小鍋生活に あるとうれしい鍋グッズ

> 小鍋いろいろ

土鍋
火から下ろしてもしばらくグツグツ煮えているほど高い保温性があり、熱いままおいしくいただけます。食材の芯までじっくり火が通って美味。

Goods

ホーロー鍋(軽め)
◨カラーが豊富でおしゃれなものが多いホーロー鍋。薄めで軽い鋼板ホーローは早く火が通って便利。酸に強いので、酢やレモンを使うレシピにも安心です。

ホーロー鍋(重め)
◨本体もふたもどっしり重い鋳物タイプのホーローは、土鍋と同じく一度熱すると冷めにくく、食材の持ち味を最大限に引き出します。

小鍋生活を始めるなら、直径20cm前後の小さめの鍋をいくつか揃えておくと便利です。素材によって少しずつ特徴が違うので、好みのものを選んで。また、小鍋生活がより楽しくなる鍋まわりのグッズもご紹介。

浅めの鍋・スキレット

すき焼きなど汁けが少ない鍋に重宝するのが浅めの鉄鍋。また、スキレットは食材をこんがり炒めたり焼いたりするおつまみ鍋にぴったり。

アルミ鍋

軽くて扱いやすく、熱伝導にすぐれたアルミ鍋。さっと火を通してすぐに食べたいスピード鍋に。中国やタイ、ベトナムでもよく使われます。

タジン鍋

とんがり帽子のようなふたは、スパイスやハーブなどの香りを逃がさないための構造。モロッコ風以外でも、香りを楽しむ鍋におすすめです。

column 2　小鍋生活に　あるとうれしい鍋グッズ

小鍋まわりグッズ

カセットコンロ

ずっと熱々のまま鍋を楽しみたいときに。少しずつ煮ていくしゃぶしゃぶタイプや、おもてなしの鍋にも役立ちます。

鍋敷き

ぬくもりのあるわら編みの民芸品や、木と金属を組み合わせたデザイン性の高いものなど、さまざまなテイストが。

鍋つかみ

コンロから食卓へ鍋を運ぶとき、持っておきたい鍋つかみ。そのまま鍋敷きとしても使えるものも。

ざる・トレイ

野菜など、切った食材をとりあえずのせておくのに重宝するざるやトレイ。天然素材だと絵になります。

取り分けスプーン・れんげ

小鍋には、普通サイズのお玉よりやや小さめの取り分けスプーンがしっくりなじみます。お気に入りを少しずつ集めるのも楽しい。

取り分け皿

持ち上げても熱くない厚手のものがおすすめ。取っ手のようなでっぱりのあるものは「とんすい」と呼ばれています。

おろし金

食卓に置いておけるタイプなら、おろしたてのしょうがやにんにくが楽しめます。

薬味を入れる小皿

香味野菜やごまなどの薬味は香りを楽しむ小鍋に欠かせないもの。豆皿サイズが便利です。

主材料別 INDEX

肉・肉加工品

●牛肉
牛カルビとじゃがいものコムタン風鍋…………… 016
すき焼き鍋………………………………………… 066
牛モツ鍋…………………………………………… 082
牛肉と紫玉ねぎのクミン鍋……………………… 100
牛肉とじゃがいもの韓国風鍋…………………… 106

●鶏肉
鶏手羽と長ねぎ、しいたけの甘辛鍋…………… 012
鶏肉とかぶの酒粕鍋……………………………… 014
ぶつ切り鶏と白菜の梅鍋………………………… 022
鶏肉と里いも、おもちの白味噌鍋……………… 028
鶏とにらの味噌月見鍋…………………………… 032
鶏肉と大根の柚子塩鍋…………………………… 034
鶏肉とさつまいもの塩バター鍋………………… 038
鶏肉とパプリカのビネガー鍋…………………… 042
自家製きりたんぽ鍋……………………………… 080
えびとチキンのカレースパイシー鍋…………… 094
鶏肉とズッキーニ、レモンのナンプラー鍋…… 104
鶏とじゃがいものハーブクリーム鍋…………… 124

●豚肉
豚しゃぶとせりのみぞれ鍋……………………… 010
豚肉とキャベツのはさみ蒸し鍋………………… 018
スペアリブとごぼうの香ばし鍋………………… 024
豚バラと白菜、エリンギの辛み鍋……………… 030
豚肉と豆腐、豆苗の豆乳鍋……………………… 040
豚肉とたけのこ、チンゲン菜のサンラータン風鍋 … 044
豚バラと白菜のキムチ鍋………………………… 070
豚肉と香菜のエスニックしゃぶしゃぶ………… 092
豚肉といんげんの花椒鍋………………………… 108
豚肉と春雨の八角鍋……………………………… 118

●ひき肉
ひき肉とザーサイ、きのこの麻辣鍋…………… 020
ひき肉としめじのごまたっぷり鍋……………… 036
鶏だんご鍋………………………………………… 074
ひき肉とトマトの中東風蒸し鍋………………… 088
こんにゃくとちくわのおでん風鍋……………… 136
皮から作る餃子の香草鍋………………………… 142

●ラム肉
ラムチョップとトマト、いんげんのモロッコ風鍋 … 110